EINFACH genial GRILLEN Vegetarisch

Folgt gerne auch dem HEEL Verlag unter

www.instagram.com/heelverlag

www.facebook.com/heelverlag

www.youtube.com/heelverlag

@heelverlag

IMPRESSUM

HEEL Verlag GmbH
Gut Pottscheidt
53639 Königswinter
Tel.: 02223 9230-0
Fax: 02223 9230-13
E-Mail: info@heel-verlag.de
Internet: www.heel-verlag.de

2. Auflage 2022

Autor: Oliver Sievers
Projektleitung: Christine Birnbaum
Satz und Gestaltung: Christine Mertens, Sabine Vonderstein
Fotos: © Volker Debus
© Adobe Stock: peekeedee, daizuoxin, mamamaria, Maria.Epine, Olga Serova, Wonder-studio

Printed in Latvia

Wir bedanken uns bei GREEK FIRE Premium Grill-Holzkohlebriketts für die freundliche Unterstützung

ISBN 978-3-96664-349-8

EINFACH *genial* GRILLEN

Vegetarisch

MIT GRILLWELTMEISTER

Oliver Sievers

HEEL

Oliver
SIEVERS

Inhalt

VORNEWEG UND ZWISCHENDURCH

12 Antipasti
14 Aprikosenstulle
16 Auberginen-Kaviar
18 Chili-Cheese Nachos
20 Gefüllte Champignons
22 Gefüllte Tomaten
24 Gegrillte Salatherzen
26 Gemüse-Involtini
28 Glasierte Karotten
30 Jakobsmuschel vegetarisch
32 Joghurtbrot
34 Knusprige Minitortillas
36 Pak Choi
38 Pimentos mit Burrata
40 Quesadillas
42 Spargel-Paprika Tacos
44 Spicy Maiskolben

HAUPTDARSTELLER

48 Blätterteig mit Schafskäse
50 Blumenkohlsteak
52 Brokkoli mit Süßkartoffelpüree
54 Burrito
56 Champignon-Cheeseburger
58 Chicorée-Wrap
60 Chicorée-Schiffchen
62 Chili Cheese Sandwich
64 Fächer-Kartoffeln
66 Flammkuchen
68 Frühstücks-Baguette
70 Gefüllte Auberginen
72 Gefüllte Avocado
74 Gefüllte Paprikaschoten
76 Gefüllte Rote Beete
78 Gefüllte Zucchini-Schiffchen
80 Gefüllter Hokkaido
82 Gefüllte Kohlrabi
84 Gefüllte Sellerie
86 Gefüllter Spaghettikürbis
88 Gegrillter Coleslaw
90 Gegrillter Kohl
92 Gemüse-Blätterteigquiche
94 Geplankter Camembert
96 Geplanktes Kartoffelpüree
98 Kürbisburger
100 Pilztarte
102 Spicy Pilz-Sandwich
104 Tortilla-Pizza

FINALE

108 Flambierte Ananas mit Mascarponecreme
110 Fruchtspieße mit Limettenjoghurt
112 Gebackene Banane mit Mandel-Baiser
114 Milchreis mit gegrillten Früchten
116 Obst-Trifle
118 Süße Blätterteigtaschen

RUBS · SAUCEN · DIPS

120 Rubs
122 Saucen und Dips

127 Danksagung

Hallo Grillfreunde,

Das Entwickeln und Zubereiten von vegetarischen Gerichten oder interessanten Beilagen gehört für mich schon seit Jahren zum festen Bestandteil bei Meisterschaften oder anderweitigen Grillevents.

Das verstärkte Bewusstsein für nachhaltige, regionale und saisonale Lebensmittel und eine gesunde Zubereitung sorgt für immer mehr Interesse an einer vegetarischen oder zumindest fleischreduzierten Lebensweise.

Es gibt mittlerweile eine große Auswahl an fleischlosen Ersatzprodukten in den Supermärkten, die für einen leichteren Umstieg und ein gutes Gewissen sorgen sollen. In diesem Buch finden sich allerdings keine Produkte davon. Mir war es wichtig, dass alle meine Rezepte zum größten Teil aus Obst, Gemüse, Getreide und Hülsenfrüchten bestehen, damit möglichst wenige Zusatzstoffe im fertigen Essen zu finden sind.

Viele der Gerichte verwende ich bei Vorführungen, Grillkursen und Events. Sie sind also mehrfach erprobt und für gut befunden, und auch bei den Fleischliebhabern finden sie reichlich Anklang.

Da jeder Grill anders ist, und natürlich auch die Lebensmittel und die Umstände bei der Zubereitung unterschiedlich sind, habe ich bei den Temperaturen normalerweise nur Bereiche angegeben, z. B. mittlere Temperatur, was zwischen 180 und 220 Grad bedeutet. Niedrige Temperatur ist darunter, hohe Temperatur ist darüber angesiedelt. Einfach ausprobieren und seinem gesunden Menschenverstand und auf Augen und Nase vertrauen. Dann klappt das sicher ohne Probleme. Ich bin viel unterwegs und grille ständig auf mir total unbekannten Geräten, und ich mache das immer so. Die gleiche Vorgehensweise würde ich auch beim Würzen vorschlagen, jeder schmeckt anders und hat andere Vorlieben, was den Geschmack angeht.

Nicht jeder mag meinen verstärkten Einsatz von Chilis, Knoblauch und z. B. Koriander.

Wie immer sind meine Rezepte nur Vorschläge, die oft getestet sind und stets gut ankommen, aber ich hoffe, dass ihr sie so anpasst und verändert, dass sie für eure Familie und Freunde ein Hochgenuss sind.

Das Verzaubern der Gäste fängt da an, wo das Rezept aufhört.

Viel Spaß beim Nachgrillen

Oliver Sievers

EEK FIRE

PREMIUM OLIVENÖL
PREMIUM OLIVENÖL
NATIVES OLIVENÖL EXTRA
EXTRA VIRGIN OLIVE OIL
KALTGEPRESST
1 L

VORNEWEG UND ZWISCHENDURCH

Antipasti

4–6 Portionen

500 g grüne und gelbe Zucchini

500 g rote und gelbe Paprika

500 g Aubergine

500 g Champignons

Chilischoten, mild

Olivenöl

Salz und Pfeffer

frische Kräuter, z. B. Oregano und Basilikum

Zubereitung

1 | Das Gemüse putzen und in mundgerechte, aber nicht zu kleine Stücke schneiden.

2 | Mit etwas Öl bestreichen und auf dem Grill bei mittlerer Hitze von allen Seiten anrösten und garen.

3 | Vom Grill nehmen und mit Salz und Pfeffer würzen.

4 | Mit gehackten Kräutern heiß servieren.

Tipp

Das gegrillte Gemüse mit den Kräutern in Einmachgläsern schichten und mit Olivenöl auffüllen, bis alles bedeckt ist.
Im Kühlschrank ist das Gemüse mehrere Tage haltbar und eine köstliche Beilage zu vielen Gerichten.

Aprikosenstulle

4 Portionen

1 Baguette oder 4–6 Scheiben Bauernbrot

600 g Aprikosen

250 g Frischkäse

100 g Mandelblätter

Olivenöl

Salzflocken

Pfeffer, geschrotet

Kresse zum Garnieren

Zubereitung

1 | Die Aprikosen halbieren und entkernen.

2 | In eine Schüssel geben und mit etwas Olivenöl rundherum benetzen.

3 | Die Aprikosenhälften auf dem Grill über direkter, mittlerer Hitze von beiden Seiten je 2 bis 3 Minuten leicht anrösten, aber nicht komplett weichgaren.

4 | In der Zwischenzeit das Baguette in 1 bis 2 cm dicke Scheiben schneiden und mit etwas Olivenöl bestreichen.

5 | Kurz auf dem Grill anrösten und dann mit etwas Frischkäse bestreichen.

6 | Die gegrillten Aprikosen darauf geben und mit wenig Salz und Pfeffer würzen.

7 | Mit Mandelblättern bestreuen und mit der Kresse dekorieren.

Auberginen-KAVIAR

4 Portionen

4 Auberginen

4 Knoblauchzehen

1 Chilischote

1 Lauchzwiebel

Olivenöl

Salz und Pfeffer

Zubereitung

1 | Den Knoblauch schälen und in Scheiben schneiden.

2 | In die Auberginen jeweils seitlich eine kleine Tasche schneiden und eine geschnittene Knoblauchzehe hineingeben.

3 | Dann die Auberginen im indirekten Bereich des Grills bei ca. 180 bis 200 Grad garen, bis sie ganz weich sind.

4 | In der Zwischenzeit Chilischote und Lauchzwiebel in feine Ringe schneiden.

5 | Die Auberginen vom Grill nehmen und kurz abkühlen lassen.

6 | Dann mit einem Löffel das Innere aus den Auberginen kratzen und in eine Schüssel geben, die Schale entsorgen.

7 | Chili und Lauchzwiebel dazugeben und mit Salz und Pfeffer würzen.

8 | Mit etwas Olivenöl verfeinern, bis eine cremige Konsistenz entstanden ist.

9 | Kann warm und kalt als Dip oder auf geröstetem Brot serviert werden.

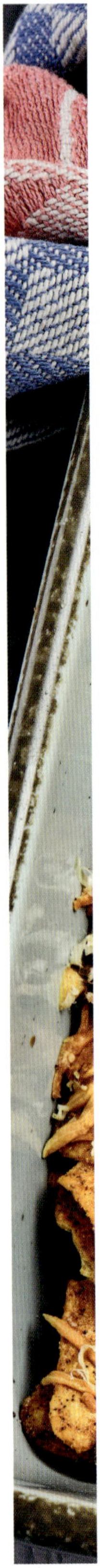

Chili-Cheese
NACHOS

4 Portionen

300 g Nachos

100 g Crème fraîche

200 g Cheddar, gerieben

2 Chilischoten mild
(oder scharf, ganz nach Geschmack)

50 g Parmesan

Zubereitung

1 | Die Hälfte der Nachos in eine geeignete Auflaufform geben.

2 | Etwas Crème fraîche locker darüber verteilen.

3 | Die Chilis in Ringe schneiden und etwas davon auf die Nachos geben.

4 | Einen Teil des Cheddars darüberstreuen.

5 | Den Rest der Nachos locker darauflegen.

6 | Die restlichen Zutaten auf den Nachos verteilen und den Parmesan gerieben darübergeben.

7 | Bei ca. 200 °C indirekt im Grill für ca. 10 bis 15 Minuten überbacken.

8 | Vom Grill nehmen und heiß servieren.

GEFÜLLTE Champignons

4 Portionen

20 mittelgroße Champignons

200 g Kräuterfrischkäse

2 Knoblauchzehen

2 Lauchzwiebeln

1 Chilischote

100 g Pecorino

Olivenöl

Salz und Pfeffer

Zubereitung

1 | Die Champignons mit einem Tuch oder Pinsel vom Schmutz befreien.

2 | Die Stiele herausbrechen und fein hacken.

3 | Lauchzwiebel, Knoblauch und Chilischote ebenfalls fein hacken.

4 | Frischkäse in eine Schüssel geben und mit den Stielen, Knoblauch, Lauchzwiebel und Chilischote vermengen.

5 | Mit Salz und Pfeffer kräftig abschmecken.

6 | Die Masse in die Champignons füllen und den Pecorino darüberreiben.

7 | Etwas Olivenöl darübergeben.

8 | Den Grill auf ca. 200 °C einregeln und die Champignons im indirekten Bereich je nach Größe für ca. 10 bis 15 Minuten garen.

9 | Dazu passen ein frischer Salat und Baguette.

GEFÜLLTE Tomaten

4 Portionen

4 große Tomaten, z. B. Fleisch- oder Ochsenherztomaten

200 g Feta

50 g getrocknete Tomaten in Olivenöl

2 Lauchzwiebeln

1 Chilischote

50 g Pinienkerne, geröstet

½ Bund frische gemischte Kräuter, z. B. Oregano, Basilikum, Thymian, Petersilie ...

Salz und Pfeffer

50 g Parmesan

Zubereitung

1 | Feta zerkrümeln und in eine Schüssel geben.

2 | Getrocknete Tomaten, Lauchzwiebeln, Chili und Kräuter fein hacken und dazugeben.

3 | Pinienkerne hinzufügen und alles gut miteinander vermengen, dabei mit Salz und Pfeffer würzen und kräftig abschmecken.

4 | Den Strunk der Tomaten entfernen, die Tomaten durch das entstandene Loch dann mit einem Löffel entkernen und aushöhlen.

5 | Die Füllung auf die Tomaten aufteilen und abschließend den Parmesan darüberreiben.

6 | Den Grill auf ca. 180 °C einregeln und die Tomaten, je nach Größe, ca. 15 Minuten indirekt grillen.

7 | Die Füllung muss nicht garen, nur heiß werden.

8 | Dazu passen ein frischer Salat und etwas Pesto.

GEGRILLTE Salatherzen

4 Portionen

4 Salatherzen

6 EL Mayonnaise

1 EL Hot Sauce

½ TL Pfeffer, geschrotet

50 g Parmesan

1 Chilischote

Olivenöl

Zubereitung

1 | Die Salatherzen waschen und putzen, dann längs halbieren und die Schnittflächen mit etwas Öl bestreichen.

2 | Die Schnittflächen auf dem heißen Grill 2 bis 3 Minuten leicht anrösten.

3 | Mayonnaise mit der Hot Sauce und dem Pfeffer vermischen.

4 | Den Salat umdrehen und in den indirekten Bereich des Grills legen.

5 | Die Mayonnaise auf die Salatherzen verteilen und den Parmesan darüberreiben.

6 | Für weitere 5 Minuten ziehen lassen.

7 | Vom Rost nehmen, mit etwas fein geschnittener Chilischote garnieren und mit Brot servieren.

Gemüse-INVOLTINI

4 Portionen

- 2 Zucchini
- 2 Auberginen
- 20 kleine Cherry-Tomaten
- 200 g Frischkäse
- 100 g Feta
- 1 Knoblauchzehe
- 1 Chilischote
- 50 g Pinienkerne, gehackt
- ½ Bund frische Kräuter, z. B. Basilikum, Petersilie, Dill und/oder Koriander
- Salz und Pfeffer
- Olivenöl

Zubereitung

1 | Die Zucchini und Auberginen längs in ca. 5 mm dicke Scheiben schneiden.

2 | Dünn mit Olivenöl bestreichen und auf dem Grill kurz von beiden Seiten anrösten, aber nicht komplett garen, die Scheiben müssen nur biegbar und flexibel werden.

3 | Knoblauchzehe, Chilischote, Pinienkerne und Kräuter fein hacken und mit dem Frischkäse und zerkrümelten Feta zu einer Creme vermengen, mit Salz und Pfeffer abschmecken.

4 | Die Zucchinischeiben auslegen, jeweils eine Scheibe Aubergine auflegen und mit einem EL der Creme bestreichen.

5 | Aufrollen und abwechselnd mit den Tomaten auf Spieße stecken.

6 | Die fertigen Spieße dünn mit Olivenöl bestreichen und bei direkter mittlerer Hitze ca. 5 Minuten lang grillen.

7 | Dazu passen sehr gut ein frischer Salat und leckere Oliven.

GLASIERTE Karotten

4 Portionen

600 g bunte Karotten – die sehen einfach netter aus

100 g Honig

100 g Butter

100 ml Gemüsefond

1 Chilischote

½ Bund Petersilie

Saft einer Zitrone

Salz und Pfeffer

AUSSERDEM

Backpapier

Zubereitung

1 | Die Karotten gründlich waschen oder schälen und längs vierteln.

2 | 4 große Stücke Backpapier (ca. 60 cm) in der Mitte zusammenfalten.

3 | Jeweils 150 g Karotten darauflegen.

4 | Butter und Honig auf die vier Portionen verteilen und mit Salz und Pfeffer würzen.

5 | Chilischote und Petersilie fein hacken und ebenfalls gleichmäßig aufteilen.

6 | Die Enden des Backpapiers leicht eindrehen, so dass eine Tasche entsteht, in die jetzt der Zitronensaft und der Gemüsefond kommen, jeweils verteilt auf die Päckchen.

7 | Jetzt die Enden fest eindrehen, wie bei einem großen Bonbon, um das Päckchen zu verschließen.

8 | Den Grill auf ca. 200 °C einregeln und die Päckchen ca. 20 bis 30 Minuten indirekt platzieren und garen, bis die Karotten weich sind. Als Päckchen servieren und am Tisch erst öffnen.

Jakobsmuschel

VEGETARISCH

4 Portionen

1 kg große Kräuterseitlinge
3 EL Mirin (Reiswein)
2 EL Fischsauce
2 EL Reisessig
1 EL Sojasauce
Pfeffer, geschrotet

ZUM SERVIEREN
2 Lauchzwiebeln
Soja- und Hoisinsauce

Zubereitung

1 | Die Stiele der Kräuterseitlinge vom Schirm abtrennen und in ca. 2 cm dicke Stücke schneiden.

2 | Die Schirme der Pilze werden hier zwar nicht weiter benötigt, können und sollten aber natürlich für andere Rezepte verwendet werden.

3 | Aus Mirin, Fischsauce, Reisessig und Sojasauce eine Marinade mischen und mit etwas Pfeffer würzen.

4 | Die geschnittenen Stiele in die Marinade geben und für ca. 30 bis 60 Minuten ziehen lassen.

5 | Dann aus der Marinade nehmen und auf Spieße stecken.

6 | Den Grill auf hoher Hitze einregeln und die Spieße über der direkten Hitze für jeweils 2 bis 3 Minuten pro Seite grillen.

7 | Vom Rost nehmen, mit in Ringe geschnittenen Lauchzwiebeln garnieren und mit Soja- und Hoisinsauce servieren.

Joghurtbrot

4 Portionen

250 g Joghurt, 3,5 %

125 g Mehl, Type 405

1 TL Backpulver

1 Prise Salz

Zubereitung

1 | Alle Zutaten in eine Schüssel geben und gut miteinander vermengen.

2 | 20 Minuten ruhen lassen, noch einmal leicht durchkneten und dann in 4 Portionen teilen.

3 | Etwas Mehl auf die Arbeitsplatte geben und die Teiglinge mit einem Nudelholz ausrollen.

4 | Auf dem Grill bei ca. 180 °C direkter Hitze für 2 bis 3 Minuten in einer Pfanne oder direkt auf dem Rost backen.

Tipp

Dazu passt hervorragend das Auberginen-kaviar (Rezept Seite 16) oder einfach etwas Butter.

KNUSPRIGE Minitortillas

4 Portionen

8 Tortillas, Ø 120 mm

8 EL Schmand

1 Bund Lauchzwiebeln

4 Knoblauchzehen

2 Chilischoten

4 EL italienische Kräutermischung, getrocknet

100 g Parmesan

schwarzer Pfeffer, gestoßen

Zubereitung

1 | Den Knoblauch schälen und mit einer feinen Reibe in eine Schüssel zum Schmand reiben.

2 | Mit etwas Pfeffer würzen und alles miteinander vermischen.

3 | Die Mischung gleichmäßig auf die Tortillas streichen.

4 | Lauchzwiebeln und Chili in feine Ringe schneiden und über die Tortillas verteilen.

5 | Den Parmesan darüberreiben, die Kräuter aufstreuen.

6 | Den Grill auf ca. 180 °C einregeln und die Tortillas über direkter Hitze für ca. 5 Minuten grillen.

7 | Dabei aufpassen, dass die Ränder knusprig werden, aber nicht verbrennen.

8 | Die Tortillas kurz auf einem Rost abkühlen lassen, dann werden sie richtig knusprig.

Sie schmecken warm und kalt, als Snack, Appetizer oder Beilage.

Pak Choi

4 Portionen

800 g Pak Choi

100 ml Teriyakisauce

20 ml Honig

Salz und Pfeffer

30 g weißer Sesam

Sonnenblumenöl o. ä.

Zubereitung

1 | Den Grill auf ca. 160 °C einregeln.

2 | Teriyakisauce mit dem Honig mischen und leicht mit Salz und Pfeffer würzen.

3 | Den Pak Choi längs halbieren und das trockene Ende des Strunks abschneiden.

4 | Die Schnittflächen leicht mit Öl bestreichen.

5 | Den Pak Choi über direkter Hitze für ca. 5 Minuten auf den Schnittflächen anrösten.

6 | Dann mit der Schnittfläche nach oben in den indirekten Bereich des Grills legen, mit der Teriyakimischung bestreichen und den Sesam darüber verteilen.

7 | Für weitere 5 bis 10 Minuten garen und dann vom Grill nehmen.

8 | Heiß mit etwas angeröstetem Baguette servieren.

Pimentos MIT BURRATA

4 Portionen

400 Pimentos de Padron (kleine Bratpaprika)

2 große Tomaten, sehr gut eignen sich da Ochsenherztomaten

Frisée Salat

2 Burrata

Olivenöl

Balsamico

Salz und Pfeffer

Kresse

fermentierter Pfeffer

Zubereitung

1 | Die Pimentos waschen und trockentupfen.

2 | Den Grill auf mittlere Temperatur einregeln und die Pimentos über direkter Hitze von allen Seiten anrösten, das geht ziemlich schnell innerhalb von wenigen Minuten.

3 | Alternativ geht das auch sehr gut mit etwas Olivenöl in einer Gusseisenpfanne (das ist übrigens auch die klassische Zubereitungsart).

4 | In der Zwischenzeit die Tomate in dünne Scheiben schneiden und mit etwas Salat auf einem Teller oder in einer Schale anrichten.

5 | Die Burrata mit den Fingern in Stücke reißen und gleichmäßig auf die Teller verteilen.

6 | Die Pimentos vom Rost nehmen und dazugeben.

7 | Olivenöl und etwas Essig darübergeben, mit Salz und Pfeffer würzen und mit der Kresse und dem fermentierten Pfeffer verfeinern.

Quesadillas

4 Portionen

16 Tortillas, Ø ca. 100 bis 120 mm

250 g Mozzarella, gerieben

2 Tomaten

1 Bund Basilikum

50 g Parmesan, gerieben

2 EL Oregano, getrocknet

Salz und Pfeffer

Zubereitung

1 | Die Hälfte des Mozzarellas auf 8 Tortillas verteilen.

2 | Die Tomaten in dünne Scheiben schneiden und auf den Käse legen.

3 | Mit Salz, Pfeffer und Oregano würzen und das Basilikum darüber verteilen.

4 | Den Rest des Mozzarellas und den Parmesan auf den belegten Tortillas verteilen.

5 | Die restlichen 8 Tortillas auf die belegten legen und so auf dem Grill bei mittlerer Temperatur von jeder Seite ca. 3 bis 4 Minuten im direkten Bereich grillen.

Tipp

Die Quesadillas lassen sich auch gut vorbereiten und hinterher leicht aufwärmen, schmecken warm und kalt.

Spangel-
PAPRIKA TACOS

4 Portionen

- 8 Tortillas, Ø 120 mm
- 400 g frischer Spargel, grün und weiß gemischt
- 2 Paprikaschoten, rot und gelb
- 1 Avocado
- 100 g Kirschtomaten
- 2 Lauchzwiebeln
- 1 Kopf Salat, z. B. Lollo Biondo oder Frisée
- 100 g Pecorino
- 100 ml Mayonnaise
- 2 EL Hot Sauce
- 1 Bund Koriander
- Olivenöl
- Salz und Pfeffer

Zubereitung

1 | Den Spargel putzen und mit etwas Olivenöl benetzen, auf dem Grill über direkter Hutze rundherum anrösten und knackig garen, das dauert nur ein paar Minuten. Die Paprikaschoten entkernen und ebenfalls auf dem Grill leicht anrösten.

2 | Beides in mundgerechte Stücke schneiden und in eine feuerfeste Form geben. Kirschtomaten vierteln, Lauchzwiebeln in feine Ringe schneiden und zum Spargel geben.

3 | Alles miteinander vermengen und mit Salz und Pfeffer würzen. Im Grill indirekt bei niedriger Temperatur warmstellen.

4 | Mayonnaise mit der Hot Sauce mischen und bis zum Servieren bereithalten. Salat und Koriander schneiden bzw. fein hacken.

5 | Die Tortillas kurz auf dem Grill erwärmen und dann zum Anrichten auf eine Platte oder Teller legen. Mit etwas Salat belegen, dann das Spargelgemüse und ein kleines Stück Avocado auflegen. Etwas Mayonnaise und Koriander darüber verteilen. Zum Schluss etwas Pecorino darüberreiben und servieren.

SPICY Maiskolben

4 Portionen

4 Maiskolben

100 ml Mayonnaise

2 EL Hot Sauce (scharfe Chilisauce, Tabasco o. ä.)

4 EL BBQ Rub, z. B. Cajun Rub

Zubereitung

1 | Mayonnaise und Hot Sauce miteinander vermengen.

2 | Die Maiskolben halbieren und gleichmäßig rundherum mit der Mischung bestreichen, das geht sehr gut mit einem Silikonpinsel.

3 | Dann von allen Seiten mit dem Rub würzen.

4 | Den Grill auf ca. 200 °C einregeln und die Maiskolben von allen Seiten leicht anrösten.

5 | Dann in den indirekten Bereich des Grills platzieren und zu Ende garen.

6 | Heiß vom Grill servieren.

7 | Dazu schmeckt der gegrillte Coleslaw von Seite 88.

Tipp

**Das funktioniert sehr gut mit rohen, wie auch mit vorgekochten Maiskolben.
Ich nehme gerne vorgegarte, dann ist die Grillzeit wesentlich kürzen.**

HAUPT–DARSTELLER

Blätterteig MIT SCHAFSKÄSE

4 Portionen

8 x fertiger Blätterteig, 2 Rollen aus dem Kühlregal (in jeweils 4 Portionen schneiden) oder gefrorene Platten, die vorher aufgetaut werden

400 g Schafskäse

2 Paprikaschoten, rot und gelb

100 g Kirschtomaten

4 Lauchzwiebeln

150 g Spinat

1 Knoblauchzehe

1 Chilischote

50 g schwarze Oliven, entsteint

3 EL Olivenöl

Salz und Pfeffer

½ TL Muskatnuss, frisch gerieben

1 TL Oregano, getrocknet

2 Eigelbe

3 EL Milch

4 EL Sesam

etwas Mehl

Zubereitung

1 | Eine geeignete Pfanne im Grill erhitzen und das Olivenöl darin hineingeben.

2 | Knoblauch, Lauchzwiebeln, Chili und Spinat klein schneiden und in dem heißen Öl 5 Minuten schwenken.

3 | Mit Salz, Pfeffer und Muskatnuss abschmecken, aus der Pfanne nehmen und abkühlen lassen.

4 | Paprika, Kirschtomaten, Oliven und Schafskäse in kleine Stücke schneiden und zum Spinat geben. Oregano hinzufügen und alles gut miteinander vermengen.

5 | Den Blätterteig auslegen und die Füllung in der Mitte der Platten verteilen.

6 | Den Blätterteig zuklappen (als Dreieck oder Rechteck oder die Ecken in die Mitte schlagen) und die Ränder mit einer Gabel fest zusammendrücken.

7 | Eigelb und Milch miteinander verrühren und die Blätterteigtaschen damit einstreichen. Den Sesam darüber verteilen.
8 | Den Grill auf ca. 200 °C einregeln und im indirekten Bereich einen Pizzastein erhitzen.
9 | Etwas Mehl auf den Stein verteilen und die Blätterteigtaschen für ca. 20 Minuten goldbraun backen.
10 | Mit etwas frischem Salat anrichten und heiß servieren.

Blumenkohlsteak

4 Portionen

2 Blumenkohle

6 EL Mayonnaise

1 EL Hot Sauce (Tabasco o. ä.)

2 EL Olivenöl

Salz und Pfeffer

Zubereitung

1 | Den Blumenkohl von Blättern befreien und mittig durch den Strunk mit einem Messer teilen und so halbieren.

2 | Jetzt nochmal am Strunk vorbei schneiden, so dass man eine schöne Scheibe (die Steaks) und die Abschnitte hat.

3 | Aus den Abschnitten kann man gut Spieße oder eine Suppe machen.

4 | Die übrigen Zutaten zu einer Marinade vermischen und mit Salz und Pfeffer kräftig abschmecken.

5 | Die Blumenkohlsteaks von beiden Seiten mit der Marinade bestreichen und für ca. 1 Stunde ziehen lassen.

6 | Auf dem Grill über direkter, mittlerer Hitze von beiden Seiten anrösten und garen. Dabei nicht zu oft wenden, damit der Blumenkohl nicht zerbricht.

7 | Wenn die Steaks gar und weich sind, können sie z. B. mit etwas Kräuterbutter und Baguette serviert werden, eine Sauce Hollandaise passt natürlich auch perfekt dazu.

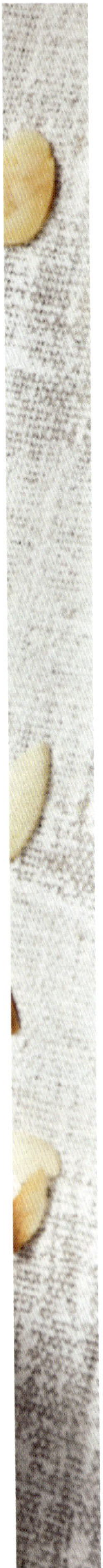

Brokkoli
MIT SÜSSKARTOFFELPÜREE

4 Portionen

FÜR DEN BROKKOLI

- 800 g Brokkoli
- 6 EL Olivenöl
- 2 EL Sojasauce
- 2 EL Teriyakisauce
- Pfeffer, geschrotet
- 50 g Mandelblättchen

FÜR DAS SÜSSKARTOFFELPÜREE

- 1000 g Süßkartoffeln
- 200 g Butter
- Salz und Pfeffer
- Muskatnuss
- 1 Lauchzwiebel

Zubereitung

1 | Brokkoli längs durch den Strunk vierteln und waschen.

2 | Aus Olivenöl, Soja- und Teriyakisauce sowie Pfeffer eine Marinade mischen.

3 | Den Brokkoli rundherum mit Marinade bestreichen. Den Rest der Marinade aufbewahren.

4 | Auf dem Grill über direkter, mittlerer Hitze von allen Seiten anrösten und garen. Dann in den indirekten Bereich legen und nochmals mit etwas Marinade bestreichen, die Mandeln darüber verteilen und dann vom Grill nehmen.

5 | Für das Püree die Kartoffeln waschen, aber nicht schälen. Im Grill bei ca. 180 °C indirekt garen, bis sie ganz weich sind, das dauert je nach Größe der Kartoffeln ca. 1 Stunde.

6 | Die Kartoffeln vom Grill nehmen, aufschneiden und das Innere mit einem Löffel rausschaben. In eine Schüssel füllen und die Butter dazugeben.

7 | Mit einem Stampfer zu Püree verarbeiten und mit Salz, Pfeffer und Muskat abschmecken. Mit fein geschnittener Lauchzwiebel garnieren und zum Brokkoli servieren.

Burrito

4 Portionen

4 Tortillas, Ø 300 mm	1 Chilischote, mild
2 Zucchini	frischer Koriander
1 rote Paprika	100 ml Mayonnaise
200 g grüner Spargel	3 EL BBQ Rub
grüner Salat	Olivenöl

Zubereitung

1 | Die Zucchini und Paprika putzen und längs vierteln.

2 | Den Spargel putzen, aber ganz lassen.

3 | Mit etwas Olivenöl benetzen und auf dem Grill über direkter, mittlerer Hitze anrösten. Das Gemüse sollte dabei noch etwas Biss behalten.

4 | Die Mayonnaise mit dem Rub vermischen.

5 | Die Tortillas auf einer Seite mit der Mayonnaise bestreichen und kurz auf dem Grill erwärmen, dann lassen sie sich besser rollen.

6 | Etwas geschnittenen Salat auf die Tortillas geben, dann das gegrillte Gemüse darauf verteilen.

7 | Mit Koriander und Ringen von der Chilischote bestreuen.

8 | Die Tortillas seitlich einklappen und dann aufrollen.

9 | Die aufgerollten Burritos auf dem Grill für ca. 5 Minuten anrösten und heiß servieren.

Tipp

Als Füllung kann man natürlich auch anderes Gemüsesorten oder z. B. auch Pilze verwenden. Auch Tofu oder Feta sind hervorragend geeignet.

Champignon-Cheeseburger

4 Portionen

4 Burger Buns

4 große oder 8 kleine Champignons

4 Scheiben Cheddar

1 große Zwiebel

Salat

Gemüsesprossen, z. B. Rote Beete oder Lauch

eingelegte Gurken

Butter

Salz und Pfeffer

Mayonnaise, Senf und Ketchup nach Belieben

Zubereitung

1 | Die Stiele der Champignons bündig mit dem Schirm abschneiden.

2 | Die Champignons auf dem Grill im direkten Bereich bei ca. 200 °C von beiden Seiten anrösten, mit Salz und Pfeffer würzen und in den indirekten Bereich ziehen.

3 | Den Cheddar auf die Champignons verteilen.

4 | Die Zwiebel schälen, in dicke Scheiben schneiden und auf dem Grill von beiden Seiten anrösten.

5 | Die Burger Buns aufschneiden, die Schnittflächen mit etwas Butter bestreichen und auf dem Rost leicht anrösten.

6 | Alles vom Rost nehmen und die Burger nach eigenem Gusto zusammenstellen.

7 | Ich mag es mit Salat – Zwiebel – Sprossen – Champignons – Gurke – Sprossen.

8 | Zwischendurch etwas Mayo und Senf.

Chicorée-Wrap

4 Portionen

4 Tortillas, Ø 300 mm

500 g Chicorée

4 Lauchzwiebeln

1 Chilischote

2 Knoblauchzehen

3 EL BBQ Rub hot & spicy

200 g Feta

100 ml Mayonnaise

½ Bund Petersilie

Olivenöl

Zubereitung

1 | Den Chicorée putzen und der Länge nach halbieren.

2 | Mit etwas Öl bestreichen und auf dem Grill von beiden Seiten anrösten und leicht garen, etwas Biss sollte allerding erhalten bleiben.

3 | In der Zwischenzeit Lauchzwiebeln, Chili und Knoblauch fein schneiden und mit der Mayo in eine Schüssel geben.

4 | Mit dem BBQ Rub würzen und die gehackte Petersilie hinzufügen.

5 | Den Chicorée vom Rost nehmen, den Strunk entfernen, und dann in schmale Streifen schneiden.

6 | Mit in die Schüssel geben und alles gut miteinander vermengen.

7 | Die Tortillas bei wenig Hitze kurz auf dem Grill erwärmen, dann lassen sie sich besser einrollen.

8 | Die Mischung auf die Tortillas verteilen, den Feta zerkrümeln und darüber geben. Die Tortillas aufrollen und nochmal für ca. 5 Minuten auf dem Grill anrösten.

Chicorée-SCHIFFCHEN

4 Portionen

- **800 g Chicorée**
- **2 Kugeln Mozzarella**
- **100 g geriebener Cheddar**
- **100 g Pecorino**
- **50 ml Mayonnaise**
- **Salz**
- **Pfeffer, geschrotet**
- **Petersilie**
- **Olivenöl**

Zubereitung

1 | Den Chicorée putzen und längs halbieren.

2 | Die Schnittflächen mit Öl bestreichen und auf dem Grill kurz bei hoher Hitze anrösten.

3 | Mozzarella in Würfel schneiden und mit Mayo und Cheddar in eine Schüssel geben.

4 | Alles gut miteinander vermengen und mit Salz und Pfeffer abschmecken.

5 | Die Mischung auf die Schnittflächen des Chicorées verteilen und den Pecorino darüberreiben.

6 | Indirekt im Grill bei ca. 200 °C 5 bis 10 Minuten überbacken.

7 | Vom Rost nehmen und mit gehackter Petersilie dekorieren.

CHILI CHEESE Sandwich

4 Portionen

12 Scheiben Toast

200 g Cheddar, gerieben

200 g Bergkäse, gerieben

2 Chilischoten, scharf

50 g Mayo

1 Lauchzwiebel

Pfeffer, gestoßen

Butter

Zubereitung

1 | Die Toastscheiben auf beiden Seiten dünn mit Butter bestreichen und auf dem Grill über direkter, mittlerer Hitze leicht anrösten.

2 | Mayonnaise in eine Schüssel geben und die geriebenen Käse hinzufügen.

3 | Lauchzwiebel und Chilischoten in feine Ringe schneiden und mit in die Schüssel geben.

4 | Alles gut miteinander vermengen und mit etwas Pfeffer würzen.

5 | Jetzt pro Portion 2 Toastscheiben mit der Käsemischung belegen, übereinanderstapeln und eine dritte Scheibe Toast als Deckel auflegen.

6 | Die Sandwiches bei niedriger Hitze auf dem Grill fertig garen, dabei mehrfach wenden, damit alle Seiten schön geröstet werden.

7 | Heiß servieren und vorsichtig reinbeißen, der Käse speichert viel Hitze.

Fächen-KARTOFFELN

4 Portionen

4 große Kartoffeln

4 EL Olivenöl

1 TL Salz

½ TL Pfeffer, gestoßen

1 TL Kräuter der Provence, getrocknet

50 g Parmesan

Zubereitung

1 | Die Kartoffeln gründlich waschen und mit der Schale in Salzwasser garkochen, am besten schon am Vortag, dann ist die Konsistenz hinterher besonders schön.

2 | Olivenöl mit Salz, Pfeffer und Kräutern vermischen.

3 | Die Kartoffeln von oben einmal längs und mehrmals quer ca. ⅔ tief einschneiden.

4 | Jetzt die Hälfte der Ölmischung mit einem Pinsel auf die Kartoffeln streichen.

5 | Den Grill auf ca. 180 °C einregeln und die Kartoffeln im indirekten Bereich etwa 15 Minuten backen.

6 | Dann nochmal mit der Ölmischung bestreichen und den Käse darüberreiben.

7 | Für weitere 5 bis 10 Minuten garen, bis der Käse knusprig geworden ist.

8 | Dazu passen perfekt etwas Tzatziki und ein frischer Salat.

Flamm-KUCHEN

4 Portionen

4 vorbereitete Fladen Flammkuchenteig, fertig gekauft oder selbstgemacht, Rezept Seite 67

200 g Crème fraîche

1 rote Spitzpaprika

4 Lauchzwiebeln

2 Knoblauchzehen

2 Chilischoten

100 g Pecorino

2 EL fermentierter Pfeffer

Salzflocken

Pfeffer

etwas Mehl

Zubereitung

1 | Den Flammkuchenteig mit der Crème fraîche bestreichen.

2 | Lauchzwiebeln, Spitzpaprika, Knoblauch und Chilischote putzen und in feine Ringe, bzw. Scheiben schneiden.

3 | Gleichmäßig auf dem Flammkuchen verteilen.

4 | Salzflocken und Pfeffer darüberstreuen.

5 | Alles dünn mit geriebenem Pecorino belegen.

6 | Einen Pizzastein im Grill aufheizen, dabei den Grill auf ca. 220 °C einregeln.

7 | Etwas Mehl auf einen Pizzaheber geben und damit den Flammkuchen vorsichtig auf den Pizzastein schieben.

8 | Nach ca. zwei Minuten den Flammkuchen um 180 ° drehen, nicht wenden, um ein gleichmäßiges Ergebnis zu erzielen.

9 | Nach ca. 5 Minuten sollte der Flammkuchen fertig sein. Den fermentierten Pfeffer gleichmäßig verteilen.

Tipp

Die Garzeit hängt sehr vom Grill, der Temperatur, dem Pizzastein und der Dicke des Teiges ab, nach ein paar Versuchen hat man den Dreh aber raus.

FLAMMKUCHENTEIG

ZUTATEN FÜR 4 FLAMMKUCHEN

250 g Mehl

150 ml Wasser

2 TL Olivenöl
(anderes Öl geht natürlich auch)

1 TL Salz

1 | Alles zu einem gleichmäßigen Teig kneten und dann abgedeckt 30 Minuten ruhen lassen.

2 | In 4 Portionen teilen und dünn zum Flammkuchen ausrollen.

Der Teig kann gut vorbereitet und eingefroren werden.

Frühstücks-BAGUETTE

4 Portionen

- 1 Baguette oder Ciabatta
- 4 Eier
- 1 Mozzarella
- 100 g Kirschtomaten
- 1 Lauchzwiebel
- 1 rote Spitzpaprika
- 1 Chilischote
- Olivenöl
- Salz und Pfeffer

Zubereitung

1 | Das Baguette längs aufschneiden, dabei oben so wenig wie möglich runterschneiden, um ein möglichst großes Unterteil zu erhalten.

2 | Man kann es auch halbieren und beide Seiten nutzen, je nachdem, wie dick das Baguette ist.

3 | Das Innere des Baguettes mit den Fingern eindrücken, um Platz zu schaffen.

4 | Lauchzwiebeln und Spitzpaprika in Ringe schneiden und in das Baguette füllen.

5 | Kirschtomaten halbieren, Mozzarella in Stücke reißen und ebenfalls in das Baguette geben.

6 | Die Eier vorsichtig aufschlagen, nicht verquirlen, und zwischen das Gemüse laufen lassen.

7 | Chilischote in feine Ringe schneiden, über das Baguette streuen und alles mit Salz und Pfeffer würzen.

8 | Etwas Olivenöl darüber träufeln und das Baguette indirekt im Grill bei ca. 200 °C 20 bis 25 Minuten garen, bis das Eiweiß gestockt, aber das Eigelb noch weich ist.

9 | Vom Rost nehmen und in vier Portionen schneiden.

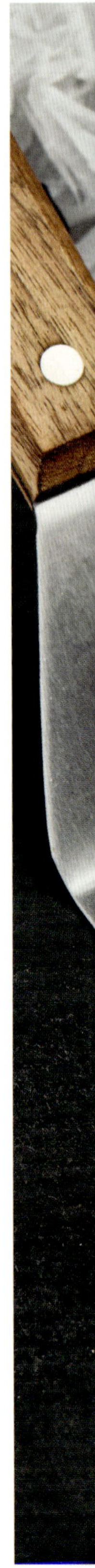

Tipp

Ich gebe gerne vor dem Servieren noch etwas Hot Sauce auf das heiße Baguette.

GEFÜLLTE Auberginen

4 Portionen

- **4 Auberginen**
- **200 g Couscous, instant**
- **1 Tomate**
- **1 Knoblauchzehe**
- **1 Chilischote**
- **50 g Mandeln, gehackt**
- **3 EL Olivenöl**
- **Salz und Pfeffer**
- **1 TL Cumin**
- **1 TL Curry**

Zubereitung

1 | Den Couscous nach Packungsanweisung zubereiten.

2 | In der Zwischenzeit Tomate, Knoblauch und Chili fein schneiden bzw. hacken.

3 | Alles in den noch heißen Couscous geben und mit Salz, Pfeffer, Cumin und Curry würzen.

4 | Mandeln und Olivenöl dazugeben und alles gut miteinander vermischen.

5 | Die Auberginen halbieren und mit einem Löffel aushöhlen, dabei einen ca. 1 cm breiten Rand stehen lassen.

6 | Das Fruchtfleisch fein hacken und zu der Mischung geben.

7 | Die Füllung kräftig abschmecken und in die ausgehölten Hälften geben.

8 | Im indirekten Bereich des Grills bei ca. 180 bis 200 °C für 10 bis 15 Minuten garen, je nach Größe der Auberginen.

9 | Vom Rost nehmen und mit etwas Joghurt servieren.

GEFÜLLTE Avocado

4 Portionen

- 4 Avocados
- 200 g Kirschtomaten
- 1 kleine rote Zwiebel
- 2 Lauchzwiebeln
- 2 Chilischoten
- 2 Knoblauchzehen
- 2 EL Olivenöl
- ½ Bund frischer Koriander
- Saft einer Limette
- Salz und Pfeffer

Zubereitung

1 | Gemüse und Koriander putzen und in feine Stücke schneiden bzw. hacken.

2 | In eine Schüssel füllen und das Olivenöl dazugeben.

3 | Mit Salz, Pfeffer und Limettensaft kräftig abschmecken, die Avocado braucht ja auch Würze.

4 | Die Avocados halbieren und vorsichtig den Kern entfernen.

5 | Die Füllung großzügig in das Loch geben, das der Kern hinterlassen hat.

6 | Im indirekten Bereich des Grills bei ca. 180 °C für 15 bis 20 Minuten garen.

7 | Mit den Resten der Füllung und etwas Baguette servieren.

GEFÜLLTE Paprikaschoten

4 Portionen

- 4 Paprikaschoten, bunt
- 200 g Zartweizen, nach Packungsanweisung gekocht
- 2 Knoblauchzehen
- 1 Chilischote
- 1 Lauchzwiebel
- ½ Bund frische Kräuter, z. B. Petersilie, Oregano und/oder Basilikum
- 50 g Mandeln, gehackt
- 100 g Feta
- 100 g Pecorino
- Salz und Pfeffer
- Olivenöl

Zubereitung

1 | Gekochten Zartweizen in eine Schüssel geben.

2 | Knoblauch, Chili, Lauchzwiebel und Kräuter fein schneiden oder hacken und zum Zartweizen geben.

3 | Feta mit den Fingern zerkrümeln und dazugeben, ebenso die Mandeln.

4 | Alles gut miteinander vermengen und mit Salz und Pfeffer würzig abschmecken.

5 | Die Paprikaschoten längs halbieren und entkernen, dabei den Stielansatz in der Frucht belassen, das hält die Paprika etwas stabiler und sieht auch noch besser aus.

6 | Die Füllung auf die Paprikahälften verteilen und jeweils einen EL Olivenöl darübergeben.

7 | Jetzt noch den Käse über die gefüllten Schoten reiben.

8 | Den Grill auf ca. 180 °C einregeln und die Paprikaschoten im indirekten Bereich für 15 bis 20 Minuten garen.

Tipp

Als Alternative zum Zartweizen eigenen sich auch sehr gut Reis oder Wildreis.

GEFÜLLTE Rote Beete

4 Portionen

- **8 gekochte Rote Beete**
- **100 g Feta**
- **½ Apfel, Granny Smith, grob gerieben**
- **1 Lauchzwiebel**
- **1 Chilischote**
- **50 g Knoblauchsprossen**
- **Salz und Pfeffer**
- **50 g Pecorino**
- **etwas Crème fraîche**

Zubereitung

1 | Die Rote Beete mit einem Ausstecher oder kleinen Löffel aushöhlen.

2 | Das innere Fruchtfleisch in kleine Stücke schneiden und in eine Schüssel geben.

3 | Den geriebenen Apfel, den zerbröselten Feta und die Sprossen dazugeben.

4 | Chilischote und Lauchzwiebel fein schneiden und mit in die Schüssel geben.

5 | Alles gut miteinander vermengen und mit etwas Salz und Pfeffer abschmecken.

6 | Die Mischung in die ausgehöhlte Beete geben und den Pecorino darüberreiben.

7 | Den Grill auf ca. 180 °C einregeln und die Rote Beete im indirekten Bereich ca. 15 Minuten garen.

8 | Mit etwas Crème fraîche und Brot servieren.

GEFÜLLTE Zucchini-Schiffchen

4 Portionen

4 Zucchini	**1 Chilischote**
100 g Kirschtomaten	**100 g Parmesan**
2 Paprikaschoten	**4 EL Olivenöl**
2 Lauchzwiebeln	**1 EL Oregano, getrocknet**
2 Knoblauchzehen	**Salz und Pfeffer**

Zubereitung

1 | Die Zucchini waschen und oben einen Deckel abschneiden. Das Kerngehäuse mit einem Ausstecher oder Löffel entfernen.

2 | Den abgeschnittenen Deckel in kleine Stücke schneiden und in eine Schüssel geben.

3 | Paprikaschoten putzen und waschen, ebenfalls in kleine Stücke schneiden und mit in die Schüssel geben.

4 | Kirschtomaten vierteln, Lauchzwiebel und Chili in feine Ringe schneiden und mit Zucchini und Paprika vermengen.

5 | Knoblauch putzen und in die Schüssel reiben.

6 | Olivenöl in die Schüssel geben und alles mit Salz, Pfeffer und Oregano würzen.

7 | Die Mischung ca. 1 Stunde ziehen lassen und nochmals kräftig abschmecken.

8 | Die ausgehöhlten Zucchini mit der Mischung füllen und den Parmesan darüberreiben.

9 | Den Grill auf ca. 200 °C einregeln und die Zucchini im indirekten Bereich ca. 25 Minuten garen. Mit etwas Tzatziki und Baguette servieren.

GEFÜLLTER Hokkaido

4 Portionen

- **2 kleine Hokkaidos**
- **200 g Feta**
- **1 rote Spitzpaprika**
- **200 g Zucchini**
- **4 Lauchzwiebeln**
- **2 Knoblauchzehen**
- **1 Chilischote**
- **50 g Pinienkerne**
- **2 EL frischer Oregano (ein paar Zweige)**
- **50 g Pecorino**
- **Salz und Pfeffer**
- **½ TL Cumin**
- **Olivenöl**

Zubereitung

1 | Den Kürbis quer halbieren und mit einem Löffel entkernen, eventuell eine Standfläche anschneiden, damit die Hälften auf dem Grill nicht umfallen.

2 | Die Hälften gründlich waschen und trockentupfen.

3 | Das Innere mit etwas Olivenöl ausstreichen und mit Salz und Pfeffer würzen.

4 | Paprika, Lauchzwiebel und Zucchini in kleine Würfel schneiden. Knoblauch und Chili in feine Stücke schneiden und mit dem Gemüse in eine Schüssel geben.

5 | Pinienkerne kurz in einer Pfanne ohne Öl anrösten und dann mit in die Schüssel geben. Oregano und den zerkrümelten Feta hinzufügen. Alles gut miteinander vermengen und Salz, Pfeffer und Cumin kräftig abschmecken.

6 | Die Füllung in die Kürbishälften geben und etwas Olivenöl darüber träufeln.

7 | Für ca. 30 Minuten indirekt im Grill bei ca. 180 °C garen.

8 | Dann den Pecorino darüberreiben und für weitere 20 Minuten garen. Je nach Größe des Kürbisses kann das auch etwas länger dauern.

9 | Mit einem frischen Salat und etwas Aioli servieren.

GEFÜLLTE Kohlrabi

4 Portionen

4 Kohlrabis

200 g Pilze, z. B. Champignons oder Shiitake

1 Zwiebel

Olivenöl

50 g Pinienkerne

300 ml Sahne

200 g Mozzarella

Salz und Pfeffer

1 TL Chiliflocken

etwas Kresse oder Petersilie

Zubereitung

1 | Die Kohlrabis putzen und gründlich waschen.

2 | Mit einem Ausstecher oder Löffel die Kohlrabis von oben aushöhlen, dabei eine Wandstärke von ca. 10 mm stehen lassen.

3 | Das Innere der Kohlrabis in Streifen schneiden. Die Zwiebel schälen und in halbe Ringe, die Pilze vierteln oder in Scheiben schneiden.

4 | Kohlrabistreifen, Zwiebeln, Pinienkerne und Pilze in eine Schüssel geben und etwas Olivenöl, Chiliflocken und Pfeffer hinzugeben. Alles gut miteinander vermischen.

5 | Eine gusseiseren Platte oder eine geeignete Pfanne auf dem Grill vorheizen und das geschnittene Gemüse darin 5 bis 10 Minuten lang anrösten.

6 | Pfanne vom Grill nehmen und die Sahne hinzufügen. Die Sahne unterrühren und alles mit Salz und Pfeffer abschmecken. Den Pfanneninhalt in die ausgehöhlten Kohlrabis füllen und den Mozzarella darauf verteilen.

7 | Etwas Olivenöl darüber träufeln und die Kohlrabis bei ca. 180 °C indirekt im Grill platzieren und für 25 bis 35 Minuten garen und überbacken, je nachdem, wie knackig man sie haben möchte.

8 | Mit etwas Gartenkresse oder Petersilie garnieren und mit Baguette servieren.

GEFÜLLTE Sellerie

4 Portionen

- **4 Sellerieknollen**
- **400 g Pilze, z.B. Stein- oder Shiitakepilze oder einfach Champignons**
- **1 Bund Lauchzwiebeln**
- **1 Chilischote**
- **2 Knoblauchzehen**
- **½ Bund frische Kräuter, z. B. Petersilie, Oregano oder Kerbel**
- **400 ml Schlagsahne**
- **250 g Bergkäse, gerieben**
- **100 g Parmesan, gerieben**
- **50 g Walnüsse, gehackt**
- **Salz und Pfeffer**
- **Olivenöl**

Zubereitung

1 | Pilze putzen und in feine Stücke schneiden.

2 | Lauchzwiebeln, Knoblauch und Chilischote putzen, fein hacken und mit den Pilzen in eine Schüssel geben. Die Hälfte des Bergkäses zum Gemüse geben, ebenso die gehackten Kräuter und die Nüsse.

3 | Alles gut miteinander vermengen und mit Salz und Pfeffer kräftig abschmecken.

4 | Die Sellerieknollen schälen und abwaschen. Mit einem Ausstecher oder Löffel aushöhlen, dabei eine Wandstärke von ca. 1 cm behalten.

5 | Auf der Unterseite eine gerade Basis anschneiden, damit die Knollen nicht umfallen. Die Knollen von außen mit Olivenöl einstreichen.

6 | Die Mischung in die Sellerie füllen und die Sahne aufgießen. Zuerst den restlichen Bergkäse, dann den Parmesan darüber verteilen. Die Knollen in eine feuerfeste Form stellen und im indirekten Bereich des Grills bei ca. 180 °C für ungefähr eine Stunde garen.

7 | Die Zeit kann je nach Grill und Größe der Knollen variieren. Der Sellerie soll schön weich und der Käse leicht knusprig werden, mit einem Zahnstocher kann man den Gargrad gut bestimmen.

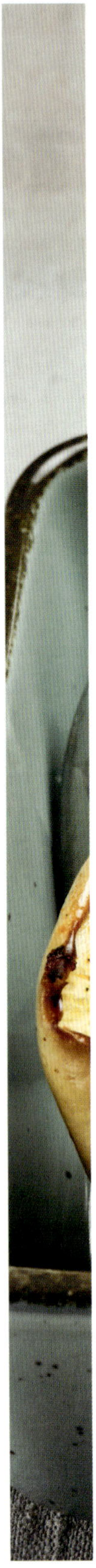

GEFÜLLTER Spaghettikürbis

4 Portionen

- 2 Spaghettikürbisse
- 500 g Pfifferlinge, natürlich gehen auch andere Pilze
- 200 g Kirschtomaten
- 100 g getrocknete Tomaten in Öl
- 50 g Pinienkerne
- 400 ml Schlagsahne
- 1 Bund Lauchzwiebeln
- 2 Knoblauchzehen
- 1 Chilischote
- Olivenöl
- Salz und Pfeffer
- etwas Kresse

Zubereitung

1 | Pilze putzen und in eine Schüssel geben, große Pilze in mundgerechte Stücke schneiden.

2 | Kirschtomaten vierteln, Lauchzwiebeln in feine Ringe schneiden, Knoblauch und Chilischote fein hacken. Alles mit zu den Pilzen geben.

3 | Die eingelegten Tomaten in kleine Stücke schneiden, mit dem Öl zusammen ebenfalls in die Schüssel geben und alles gut miteinander vermengen.

4 | Pinienkerne dazugeben und mit Salz und Pfeffer abschmecken.

5 | Die Kürbisse gründlich waschen, dann längs halbieren und entkernen. Innen mit Öl einstreichen und mit etwas Salz und Pfeffer würzen. Die Mischung in die Kürbishälften füllen. Die Sahne angießen.

6 | Indirekt im Grill bei ca. 180 bis 200 °C für 60 Minuten garen.

7 | Mit einem Zahnstocher kann der Gargrad des Kürbisses gut kontrolliert werden. Mit frischer Kresse garnieren und mit Aioli oder Crème fraîche servieren.

8 | Mit einer Gabel kann das Fruchtfleisch in Spaghetti gezogen und mit der Füllung vermengt werden.

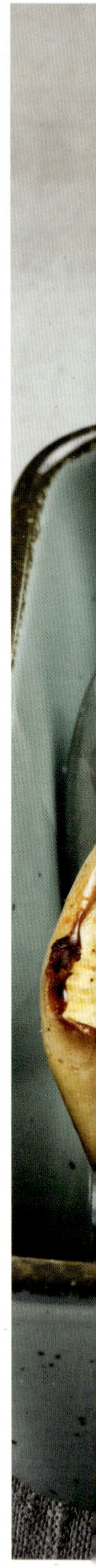

Gegrillten COLESLAW

4 Portionen

1 Kopf Weißkohl	**Salz und Pfeffer**
1 Bund Lauchzwiebeln	**Olivenöl**
2 Stangen Bleichsellerie	**200 ml Sour Cream**
1 Karotte	**100 ml süße Sahne**
1 Chilischote	**Saft von 2 Limetten**
½ Bund Petersilie	**Zucker**

Zubereitung

1 | Den Kohl putzen und längs vierteln.

2 | Die Schnittflächen mit etwas Öl bestreichen und den Kohl auf dem Grill über direkter, mittlerer Hitze leicht von allen Seiten anrösten.

3 | Wenn ausreichend Röstaromen entstanden sind, (ich mag kräftige Röstaromen, aber das ist natürlich Geschmacksache) den Kohl im indirekten Bereich des Grills für ca. 20 Minuten bei 180 °C garen.

4 | Dabei sollte er aber nicht komplett durchgaren, also noch Biss behalten. In der Zwischenzeit die Karotte grob reiben, den Sellerie, die Lauchzwiebeln und die Chilischote in feine Scheiben bzw. Ringe schneiden.

5 | In eine Schüssel geben und Sour Cream, Sahne und die fein gehackte Petersilie hinzufügen. Mit Salz und Pfeffer würzen und mit Limettensaft und Zucker abschmecken. Dabei sollte das Dressing noch etwas zu sauer und zu salzig sein, denn der Kohl ist ja noch nicht gewürzt.

6 | Den Kohl vom Rost nehmen, abkühlen lassen und in feine Streifen schneiden, der Strunk kann jetzt weg.

7 | Mit in die Schüssel geben und alles gut miteinander vermengen. Für ca. 1 Stunde ziehen lassen und dann nochmals kräftig abschmecken.

Gegrillter KOHL

4 Portionen

- 1 Kopf Chinakohl
- 1 Radicchio
- 2 Lauchzwiebeln
- 1 Chilischote
- 50 g Cashewkerne
- 30 ml Olivenöl
- 1 EL Mayonnaise
- Saft einer Limette
- Salz und Pfeffer

Zubereitung

1 | Chinakohl und Radicchio putzen und längs halbieren.

2 | Die Schnittflächen mit Öl bestreichen und beides über direkter, mittlerer Hitze auf dem Grill scharf anrösten.

3 | Dann in den indirekten Bereich ziehen und dort ca. 10 Minuten lang garen.

4 | In der Zwischenzeit das Grüne der Lauchzwiebeln und die Chilischote in feine Ringe schneiden und in eine Schüssel geben.

5 | Olivenöl, Mayo und Cashewkerne dazugeben und mit etwas Salz und Pfeffer würzen.

6 | Chinakohl und Radicchio vom Grill nehmen und in feine Streifen schneiden.

7 | Noch heiß in die Schüssel geben und alles gut vermischen.

8 | Mit Salz, Pfeffer und Limettensaft abschmecken und bis zum Servieren indirekt bei niedriger Temperatur im Grill warmhalten.

Tipp

Natürlich kann man den Kohl auch roh essen, aber durch das Grillen kommen schöne Röstaromen hinzu, außerdem ist er leicht gegart bekömmlicher.

Gemüse-Blätterteigquiche

4 Portionen

Blätterteigrolle aus dem Kühlregal, ca. 300 g
2 rote Paprikaschoten
1 Karotte
200 g Zuckerschoten
1 Chilischote
4 Lauchzwiebeln
2 Knoblauchzehen
2 Eier und 2 Eigelbe
100 ml Milch
250 g Mascarpone
1 TL Speisestärke
2 EL Senf, scharf, körnig
100 g Bergkäse, gerieben
Olivenöl
Salz und Pfeffer

Zubereitung

1 | Lauchzwiebeln, Knoblauch und Chilischote in feine Ringe bzw. Stücke schneiden und mit Olivenöl in einer geeigneten Pfanne im Grill anschwitzen.

2 | Paprika, Karotte und Zuckerschoten gründlich putzen und waschen, dann in gleichmäßig lange, schmale Streifen schneiden.

3 | Die Streifen leicht einölen und ca. 5 Minuten lang auf dem Grill anrösten, am besten in einem Grillkorb oder auf einem feinen Gitter.

4 | Eier, Eigelbe, Mascarpone, Milch und Speisestärke in einer Schüssel gründlich miteinander verquirlen.

5 | Eine 26er Tarteform leicht buttern, den Blätterteig einlegen und einen schönen Rand formen. Den Boden mit dem Senf einstreichen, Zwiebel-Knoblauch-Chilimischung darüber verteilen, ebenso den geriebenen Käse.

6 | Die Mascarponecreme darübergeben. Die Form für 10 bis 15 Minuten bei 200 °C in den indirekten Bereich des Grills stellen, bis die Masse zu stocken beginnt.

7 | Kurz vom Rost nehmen und die Gemüsestreifen dekorativ darauf verteilen. Für weitere 10 bis 15 Minuten im Grill fertig backen. Schmeckt warm und kalt.

GEPLANKTER Camembert

4 Portionen

4 Camemberts à 150–200 g

4 EL Aprikosenmarmelade

250 g Physalis

1 Lauchzwiebel

1 Chilischote

Gartenkresse zum Dekorieren

2 Holzplanken zum Räuchern, z. B. Hickory-Holz (Grillhandel)

Zubereitung

1 | Die Holzplanken auf dem Grill von beiden Seiten kurz anrösten, um sie zu desinfizieren.

2 | Dann die Oberseite dünn mit Pflanzenöl einreiben.

3 | Den Käse auf die Planken legen und mit der Marmelade bestreichen. Physalis aus der Hülle nehmen, waschen und vierteln.

4 | Gleichmäßig auf der Marmelade verteilen. Das Grüne der Lauchzwiebel und die Chilischote in feine Ringe schneiden und darübergeben.

5 | Den Grill auf eine mittlere Temperatur einregeln und die Planken im direkten Bereich über der Hitze platzieren. Den Deckel des Grills unbedingt schließen, sonst fangen die Planken an zu brennen.

6 | Den Camembert für ca. 15 bis 20 Minuten im Rauch der Planken smoken. Falls zu viel Rauch entsteht, können die Planken in den indirekten Bereich des Grills geschoben werden, bis der Käse warm und weich geworden ist. Der Käse muss nicht zwangsläufig auslaufen, das sieht aber schöner aus ...

7 | Zum Servieren etwas frische Kresse darüber verteilen und mit Salat und Brot anrichten.

GEPLANKTES
Kartoffelpüree

4 Portionen

- **1 kg Kartoffeln, mehligkochend**
- **250 g weiche Butter**
- **2 Lauchzwiebeln**
- **1 Knoblauchzehe**
- **Salz und Pfeffer**
- **Muskatnuss**

Zubereitung

1 | Kartoffeln gründlich waschen, aber nicht schälen.

2 | Den Grill auf ca. 180 °C einregeln und die Kartoffeln, je nach Größe, im indirekten Bereich ca. 45 bis 60 Minuten garen. Vom Rost nehmen und im heißen Zustand schälen.

3 | Die Kartoffeln in eine Schüssel geben, 150 g Butter dazugeben und mit Salz, Pfeffer und frisch geriebener Muskatnuss würzen. Alles gut mit einem Stampfer zerdrücken und miteinander vermengen. Die restliche Butter in eine Schale geben, die Lauchzwiebeln in Ringe schneiden, den Knoblauch fein reiben und dazugeben.

4 | Alles miteinander vermengen und mit etwas Salz und Pfeffer würzen. Die Planke über direkter, mittlerer Hitze von beiden Seiten im Grill kurz erhitzen, um sie zu desinfizieren. Die Oberseite leicht mit Öl einreiben.

5 | Das Kartoffelpüree auf die Planke geben und so verteilen, dass möglichst viel Oberfläche und in der Mitte eine leichte Kuhle entstehen. Die gewürzte Butter auf dem Püree verteilen.

6 | Die Planke im direkten Bereich bei ca. 180 °C platzieren und das Püree für 15 bis 20 Minuten smoken, je länger, umso intensiver ist das Raucharoma. Falls die Planke Feuer fängt, sofort in den indirekten Bereich schieben und dort zu Ende smoken.

7 | Sobald die Butter auf dem Püree geschmolzen ist, kann gegessen werden.

Kürbis-BURGER

4 Portionen

- **4 Burger Buns**
- **1 Butternut-Kürbis**
- **4 EL BBQ Rub hot & spicy**
- **1 Zwiebel**
- **1 große Tomate**
- **8 Scheiben Cheddar**
- **4 Blätter Salat, z. B. Lollo Rosso**
- **Butter**
- **nach Belieben Senf, BBQ Sauce und Mayonnaise**

Zubereitung

1 | Den Kürbis waschen und vom unteren Ende des Kürbisses 4 schöne Scheiben à 2 cm Stärke abschneiden. Normalerweise sind da noch keine Kerne, falls doch, sollten sie entfernt werden.

2 | Die Scheiben von beiden Seiten mit dem BBQ Rub würzen und ca. 1 Stunde ziehen lassen. Den Grill auf 200 °C einregeln und die Scheiben über der direkten Hitze von beiden Seiten kräftig anrösten.

3 | Dann in den indirekten Bereich des Grills platzieren und dort fertig garen, was ca. 20 bis 30 Minuten dauert. Testen kann man das gut mit einem Zahnstocher.

4 | Wenn der Kürbis gar ist, jeweils 2 Scheiben Käse auflegen und für ca. 5 Minuten schmelzen.

5 | In der Zwischenzeit die Buns aufschneiden, die Schnittflächen mit Butter bestreichen und kurz auf dem Grill anrösten.

6 | Tomate und Zwiebel in Scheiben schneiden.

7 | Wenn der Käse schön geschmolzen ist, kann der Burger zusammengebaut werden: Unterseite Bun – Salat – Tomate – Kürbis – Zwiebel – Deckel, dazwischen nach eigenem Gusto Mayonnaise, Senf und/oder BBQ Sauce.

Pilztarte

8 Portionen

- 800 g gemischte Pilze
- 2 Lauchzwiebeln
- 2 Knoblauchzehen
- 1 Chilischote
- 250 ml Schlagsahne
- 150 g weiche Butter
- 250 g Mehl, Type 405
- 5 Eier
- Salz und Pfeffer
- 150 g Bergkäse, gerieben
- Muskatnuss
- Hülsenfrüchte, getrocknete

Zubereitung

1 | Mehl, 125 g Butter, 1 Ei und eine Prise Salz zu einem Teig verkneten. In Klarsichtfolie wickeln und ca. 30 Minuten kalt stellen.

2 | Lauchzwiebeln, Knoblauch und Chilischote putzen und fein hacken bzw. schneiden.

3 | Eine geeignete Pfanne im Grill erhitzen und die restliche Butter darin schmelzen. Das geschnittene Gemüse darin sanft anschwitzen. In der Zwischenzeit die Pilze putzen und in kleine Stücke schneiden.

4 | Mit in die Pfanne geben und ca. 5 Minuten anschwitzen, dann mit Salz und Pfeffer würzen. Eine Springform, 26 cm Durchmesser, 5 cm Höhe einfetten. Mit der Hälfte des Teigs den Boden der Form auslegen, den Rest für den Rand verwenden.

5 | Mit Backpapier auslegen und mit getrockneten Hülsenfrüchten beschweren. Den Grill auf ca. 200 °C einregeln und die Form mit dem Teig und den Hülsenfrüchten ca. 10 Minuten im indirekten Bereich blindbacken.

6 | In der Zwischenzeit Sahne, 4 Eier und Käse miteinander verquirlen und mit Salz, Pfeffer und frisch geriebener Muskatnuss würzen. Mit der Pilzmischung vermengen.

7 | Die Hülsenfrüchte und das Backpapier aus der Form entfernen und die Pilzmischung einfüllen. Wieder indirekt im Grill platzieren und für ca. 45 Minuten bei 200 °C backen, bis die Eimasse gestockt ist.

Tipp

Mit etwas Petersilie garnieren und warm servieren, die Tarte schmeckt aber auch kalt sehr gut.

SPICY Pilz-Sandwich

4 Portionen

- 4 Hot Dog Buns
- 400 g Pilze, z. B. Champignons, Steinpilze, Kräuterseitlinge oder Shiitake
- 1 Lauchzwiebel
- 1 Chilischote
- 8 Blätter Salat, z. B. Lollo Rosso oder Frisée
- 2 Tomaten
- 100 ml Mayonnaise
- 3 EL Hot Sauce
- Pfeffer, gestoßen

Zubereitung

1 | Die Pilze putzen und über direkter Hitze auf dem Grill von allen Seiten kräftig anrösten.

2 | In der Zwischenzeit die Mayonnaise mit der Hot Sauce mischen.

3 | Chilischote und Lauchzwiebeln in feine Ringe schneiden und dazugeben.

4 | Die Pilze vom Rost nehmen, in mundgerechte Stücke schneiden und in die Schüssel mit der Mayonnaise geben.

5 | Die Buns mittig einschneiden und kurz im Grill erwärmen.

6 | Zuerst etwas Salat und ein paar Scheiben Tomate in die Buns legen, dann die Pilzmischung zugeben.

7 | Ein wenig Pfeffer darüber geben und servieren.

Tortilla-PIZZA

4 Portionen

- 4 Tortillas, Ø 250 bis 300 mm
- 4 Tomaten
- 400 g Pizzakäse, gerieben
- 4 Mozzarella
- 4 Lauchzwiebeln
- 1 Bund Basilikum
- 2 Knoblauchzehen
- 2 Chilischoten
- 100 g Parmesan
- Pfeffer, gestoßen

Zubereitung

1 | Die Tortillas auslegen und den Knoblauch gleichmäßig darüberreiben.

2 | Die Tomaten in Scheiben schneiden und die Tortillas damit belegen.

3 | Den Pizzakäse und das Basilikum darüber verteilen.

4 | Lauchzwiebeln und Chilischote in feine Ringe schneiden und auf die Tortillas geben.

5 | Mozzarella in Scheiben schneiden und gleichmäßig verteilen.

6 | Mit etwas Pfeffer würzen und den Parmesan darüberreiben.

7 | Den Grill auf ca. 200 °C einregeln und die Pizzen im indirekten Bereich 5 bis 10 Minuten grillen, bis der Käse geschmolzen ist.

Tipp

Ein Pizzastein im Grill (oder Backofen) eignet sich auch hervorragend für die Zubereitung.

FINALE

Flambierte Ananas

MIT MASCARPONECREME

4 Portionen

1 Ananas

50 g brauner Zucker

½ TL Chilipulver

50 ml Rum

300 g Mascarpone

4 Passionsfrüchte

50 ml Ahornsirup

Limettensaft

ZUSÄTZLICH

Spieße

Zubereitung

1 | Ananas schälen, die holzige Mitte entfernen und in Stücke schneiden.

2 | In einer Schüssel mit dem braunen Zucker und Chilipulver vermischen und ca. 15 Minuten ziehen lassen.

3 | In der Zwischenzeit Mascarpone mit dem Fruchtfleisch der Passionsfrüchte vermengen und mit dem Limettensaft und Ahornsirup abschmecken.

4 | Die Ananasstücke auf Spieße stecken und über direkter, mittlerer Hitze von allen Seiten leicht anrösten.

5 | Dann vorsichtig den Rum über die Spieße geben und die Spieße damit flambieren, der Alkohol entzündet sich an der Flamme im Grill, also sehr vorsichtig sein.

6 | Die Spieße mit der Creme servieren.

Fruchtspieße
MIT LIMETTENJOGHURT

4 Portionen

800 g Obst, am besten Steinobst, z. B. Pfirsich, Apfel, Birne, Aprikosen, oder Ananas, Mango und Kiwi

50 g brauner Zucker

200 g Joghurt, 10 %

2 Limetten

Zubereitung

1 | Das Obst putzen und in gleichmäßige Stücke schneiden.

2 | Mit etwas Zucker in eine Schüssel geben und für 15 Minuten ziehen lassen.

3 | Abwechselnd auf Spieße stecken und über direkter, mittlerer Hitze von allen Seiten ein paar Minuten grillen, bis der Zucker karamellisiert ist.

4 | In der Zwischenzeit die Limetten auspressen und den Saft mit dem Joghurt vermischen.

Gebackene Banane

MIT MANDEL-BAISER

4 Portionen

4 reife Bananen

4 Eiweiße (Größe L)

100 g Zucker

1 Pk Vanillezucker

50 g Mandelblätter

Zubereitung

1 | Das Eiweiß mit dem Zucker und dem Vanillezucker in eine Rührschüssel geben und mit einem Handmixer oder in einer Küchenmaschine mit dem Schneebesen zu Eischnee verarbeiten.

2 | Je länger man mixt, umso schöner ist die Konsistenz, 10 bis 15 Minuten können das schon sein.

3 | Die Bananen längs halbieren und mit der Schnittfläche nach oben auslegen.

4 | Den Eisschnee in einen Spritzbeutel geben und gleichmäßig dekorativ auf die Bananen verteilen, im Notfall geht es aber auch mit einem Löffel.

5 | Die Mandelblätter locker darüber verteilen.

6 | Den Grill auf ca. 180 °C vorheizen und die Bananen im indirekten Bereich 15 bis 20 Minuten backen, bis der Eisschnee fest und die Mandeln goldbraun sind.

7 | Mit einer Kugel Eis servieren.

Milchreis
MIT GEGRILLTEN FRÜCHTEN

4 Portionen

400 g Milchreis,
nach Packungsanweisung zubereiten

ca. 800 g Früchte, z. B. Nektarinen,
Zwetschken, Aprikosen, Kiwi

Honig oder Ahornsirup

Zimt

2 Limetten

Zubereitung

1 | Die Limetten waschen und halbieren.

2 | Die Schnittflächen im Grill kurz anrösten und dann mit der Schnittfläche nach oben im indirekten Bereich des Grills für ca. 10 Minuten ziehen lassen.

3 | Früchte waschen, halbieren und entkernen, zumindest bei den Steinfrüchten, die Kiwi z. B. muss man nur schälen.

4 | Den Grill auf ca. 200 °C einregeln und die halbierten Früchte über direkter Hitze für ein paar Minuten leicht anrösten, dabei mehrmals wenden.

5 | Vom Grill nehmen und in mundgerechte Stücke schneiden.

6 | In eine Schüssel geben und mit etwas Zimt würzen.

7 | Je nach Süße der Früchte kann man jetzt noch ein wenig Honig oder Ahornsirup dazugeben.

8 | Ein Spritzer Limettensaft rundet den Geschmack ab.

9 | Noch warm auf dem Milchreis anrichten und servieren.

Tipp

**Schmeckt warm und kalt, natürlich auch perfekt zu Joghurt oder Pudding.
Es können selbstverständlich auch andere Früchte genommen werden, je nachdem, was einem schmeckt oder was gerade Saison hat.**

Obst-Trifle

4 Portionen

8 Schokokekse

500 ml Joghurt 10 %

Saft einer Zitrone

300 g Obst, z. B. Zwetschgen, es schmecken aber auch andere Früchte oder Beeren

50 g Butter

2 EL Honig

Zubereitung

1 | Die Kekse zerkrümeln und auf vier Glaser verteilen.

2 | Den Joghurt mit dem Zitronensaft mischen und gleichmäßig auf die Gläser verteilen.

3 | Eine kleine Gusspfanne oder feuerfeste Form im Grill erhitzen und die Butter darin schmelzen.

4 | Das Obst putzen und gegebenenfalls schälen.

5 | In mundgerechte Stücke schneiden und in der Pfanne 3 bis 5 Minuten schwenken, das kommt natürlich auf das Obst an, und wie weich man es haben möchte.

6 | Den Honig in die Pfanne geben und unterrühren.

7 | Das heiße Obst aus der Pfanne direkt auf den Joghurt geben und sofort servieren.

Das Dessert lebt von dem Zusammenspiel von heiß und kalt, süß und sauer.

Blätterteigtaschen

4 Portionen

4 x Blätterteig 10 x 10 cm, oder rund Ø 12 cm

150 ml Crème fraîche

200 g gemischte frische Beeren, z. B. Himbeeren, Erdbeeren, Blaubeeren oder Brombeeren

50 g brauner Zucker (je nach Süße der Früchte eventuell auch mehr oder weniger)

Abrieb und Saft einer Limette

4 Blätter frische Minze oder Zitronenmelisse

50 g Mandelblätter

1 Eigelb

3 EL Milch

Zubereitung

1 | Die Beeren vorsichtig waschen und trockentupfen.

2 | In einer Schüssel mit Zucker, Limettenabrieb und -saft und der fein gehackten Minze verrühren und ca. 30 Minuten ziehen lassen.

3 | In der Zwischenzeit den Blätterteig vorbereiten und auslegen.

4 | Zuerst die Crème fraîche in die Mitte der Teigplatten geben, dann die Fruchtmischung.

5 | Den Blätterteig einklappen und so zu Taschen formen. Die Ränder mit einer Gabel fest zusammendrücken.

6 | Eigelb und Milch vermischen und die Blätterteigtaschen damit bestreichen. Die Mandelblätter darüber verteilen.

7 | Den Grill auf ca. 200 °C einregeln und einen Pizzastein im indirekten Bereich aufheizen. Etwas Mehl auf dem Pizzastein verteilen und die Blätterteigtaschen ca. 20 Minuten goldbraun backen.

Tipp

Statt frischer Früchte kann man auch sehr gut selbstgemachtes Kompott oder Marmelade nehmen, allerdings sollte man dann auf zusätzlichen Zucker verzichten, sonst wird es einfach zu süß.

RUBS

Man kann hervorragende, bereits fertig gemischte Rubs von den verschiedensten Firmen im Handel kaufen. Wenn man allerdings Lust darauf hat, sich selbst ein wenig auszuprobieren, habe ich hier einige erprobte Rezepte zusammengestellt.

Kräuter RUB

3 EL grobes Meersalz, grob
2 EL Pfeffer, geschrotet
2 EL Estragon, getrocknet
2 EL Oregano, getrocknet
2 EL Dill, getrocknet
2 EL Thymian, getrocknet
2 EL Rosmarin, getrocknet
1 EL Knoblauchflocken

Hot & Spicy

2 TL Chilipulver
2 TL Meersalz, grob
2 TL brauner Zucker
2 TL Paprikapulver, geräuchert
1 TL Thymian, getrocknet
2 Knoblauchpulver
1 TL Cumin
1 TL schwarzer Pfeffer, geschrotet

Cajun RUB

5 EL grobes Meersalz
3 EL schwarzer Pfeffer, geschrotet
2 EL Zwiebelgranulat
2 EL brauner Zucker
2 EL Thymian, getrocknet
1 EL Knoblauch, granuliert
1 TL Cayennepfeffer

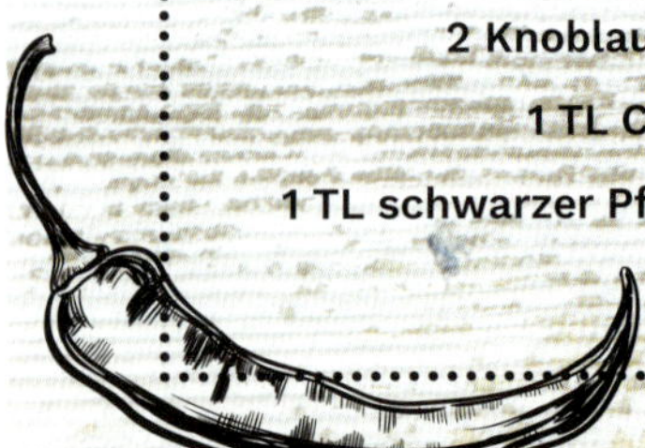

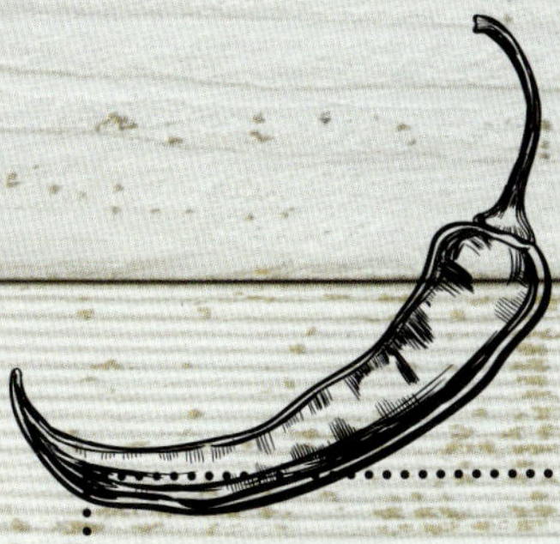

Asiatische Gewürz-mischung

1 TL Koriandersamen

1 TL Ingwerpulver

2 TL Fünfgewürz

1 TL Zwiebelpulver

1 TL Knoblauchpulver

1 TL Chiliflocken

1 TL schwarzer Pfeffer

1 TL Szechuan Pfeffer

1 TL Zitronengraspulver

2 TL Salz

6 TL Zucker

SÄMTLICHE ZUTATEN GRÜNDLICH MITEINANDER VERMISCHEN

Coffee RUB

8 EL Kaffeebohnen, frisch gemahlen

5 EL brauner Zucker

1 EL Salz

1 EL schwarzer Pfeffer, frisch gestoßen

1 EL Cayennepfeffer

Magic Dust MEINE VERSION

4 EL Paprika, süß

4 EL Salzflocken

4 EL brauner Zucker

2 TL schwarzer Pfeffer, grob

1 EL Chilipulver

1 EL Cumin

1 EL Knoblauch, granuliert

1 TL Senfpulver

SAUCEN UND DIPS

1

CHIMICHURRI

1 Bund Petersilie
1 kleine rote Zwiebel
2 Knoblauchzehen
1 EL Oregano, getrocknet
1 EL Thymian, getrocknet
1 TL Chiliflocken
100 ml Olivenöl
20 ml Weißweinessig
1 Lorbeerblatt
1 milde Chilischote
Salz und Pfeffer
Saft einer Limette

Zubereitung

Zwiebel, Petersilie, Knoblauch und Chili sehr fein hacken und mit den anderen Zutaten vermengen.

Mit Salz, Pfeffer und Limettensaft abschmecken.

Vor dem Verzehr mindestens 1 Stunde ziehen lassen.

Chimichurri hält sich im Kühlschrank mindestens 1 Woche.

2

CHILI-CHEESE-SAUCE

25 g Butter

1 TL Mehl

100 ml Milch

100 g frische, in kleine Stücke geschnittene Jalapeños

50 g Frischkäse

100 g Cheddar, gerieben

1 TL Chilipulver

1 TL Paprikapulver, geräuchert

Salz und Pfeffer

Zubereitung

Die Butter und das Mehl in einen Topf geben und eine Mehlschwitze ansetzen.

Nach dem Anrosten das Mehl mit der Milch ablöschen, die übrigen Zutaten hinzufügen und alles ein paar Minuten lang zu einer cremigen Sauce köcheln.

3

BBQ-AIOLI

200 ml Mayonnaise

4 Knoblauchzehen, gerieben

1 EL Paprikapulver, geräuchert

Salz und Pfeffer

Saft einer Limette

Zubereitung

Die Mayo mit Knoblauch und Paprika vermengen.

Mit Salz, Pfeffer und Limettensaft abschmecken.

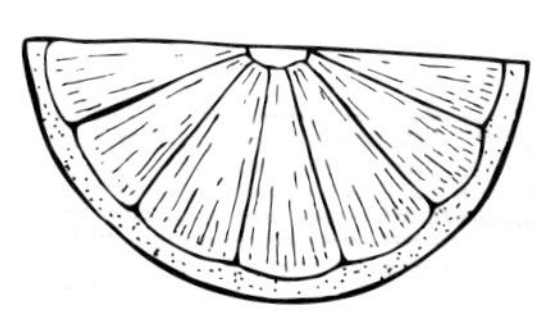

4

GRÜNES PESTO

2 Bund frisches Basilikum

60 g Pinienkerne, in einer Pfanne ohne Fett leicht angeröstet

3 Knoblauchzehen

50 g Parmesan, frisch gerieben

50 ml gutes Olivenöl

1 rote Chilischote (optional)

Salz und Pfeffer

Zubereitung

Knoblauch, Pinienkerne, Parmesan und Basilikum mit etwas Salz in einen Mörser geben und alles zu einer Paste verarbeiten.

Olivenöl dazugeben und mit Salz und Pfeffer abschmecken.

Ich gebe noch gerne eine in feine Ringe geschnittene rote Chilischote dazu, sie peppt die ganze Sache ordentlich auf.

5

CAROLINA-MUSTARD-SAUCE

200 g mittelscharfer Senf

60 g Honig

50 ml Apfelessig

3 EL Ketchup

20 g brauner Zucker

10 ml Chilisauce (z. B. Tabasco)

20 ml Worcestershire Sauce

Salz und Pfeffer

Zubereitung

Alle Zutaten in eine Schüssel geben und mit einem Mixer oder Schneebesen gut miteinander vermengen.

Mit Salz und Pfeffer abschmecken.

Am besten schon am Vortag zubereiten, dann schmeckt die Sauce deutlich runder und besser.

Im Kühlschrank hält sie sich mehrere Wochen.

6

PORTWEIN-ZWIEBELN

400 g rote Zwiebeln, in feine Ringe geschnitten

50 g Butter

100 ml Portwein

Salz und Pfeffer

2–3 EL Rotweinessig

Waldhonig

30 g brauner Zucker

Zubereitung

Die Zwiebeln in einem Topf mit etwas Butter anschwitzen und mit dem Portwein ablöschen.

Sanft für 10–15 Minuten weiterschmoren und mit Salz, Pfeffer, Essig, Honig und etwas braunem Zucker abschmecken.

7

WHISKEY-BUTTER

1 Knoblauchzehe

200 g Butter, zimmerwarm

3 EL Whiskey nach eigenem Geschmack

2 EL Honig

Salz und Pfeffer

Zubereitung

Den Knoblauch fein hacken.

Die Butter mit dem Whiskey, dem Knoblauch und dem Honig vermengen und mit Salz und Pfeffer abschmecken.

8

PICO DE GALLO

200 g Tomaten

2 grüne Paprikaschoten

1 rote Zwiebel

3 Knoblauchzehen

2 Chilischoten

½ Bund Koriander

½ Bund glatte Petersilie

50 ml Olivenöl

Saft von 2 Limetten

Salz und Pfeffer

Zubereitung

Tomaten, Paprika und Zwiebel in kleine Würfel schneiden.

Kräuter, Knoblauch und Chili fein hacken und zum Gemüse geben.

Mit Olivenöl vermischen und mit Salz, Pfeffer und dem Limettensaft kräftig abschmecken

9

MISSISSIPPI COMEBACK SAUCE

100 ml Olivenöl

100 ml milde Chilisauce

100 ml Tomatenketchup

250 ml Mayonnaise

2 EL Worcestershire Sauce

2 EL Senf

1 kleine Zwiebel

2 Knoblauchzehen

Saft einer Limette

Salz und Pfeffer

Zubereitung

Zwiebel und Knoblauch schälen und vierteln.

Alle Zutaten in einen Mixer geben und pürieren.

Mit Salz und Pfeffer abschmecken.

Im Kühlschrank hält sie sich mehrere Wochen.

Zum Schluss noch ein Dankeschön

Ich möchte mich beim Heel Verlag für die jahrelange und außergewöhnlich gute Zusammenarbeit bedanken.

Bei Monic und Philipp für die Unterstützung beim Testen und Umsetzen der Gerichte.

Der größte Dank gilt natürlich meiner langjährigen Partnerin und Traumfrau Angela, ohne deren Rückhalt und Glaube in meine Fähigkeiten ich nie in die Situation gekommen wäre, überhaupt ein Buch zu schreiben.

Euer Olli

GRILLEN MIT OLIVER SIEVERS

Buch (144 Seiten) mit hochwertigem Tramontina-Steakmesser mit 12 cm Echtholzgriff und 12 cm Klinge aus rostfreiem Edelstahl,
300 x 330 x 25 mm
ISBN 978-3-95843-877-4
€ 24,99

IM SET: BUCH + HOCHWERTIGES MESSER

144 Seiten, 185 x 225 mm, Softcover
ISBN 978-3-95843-987-0
€ 9,99

128 Seiten, 185 x 225 mm, Softcover
ISBN 978-3-96664-180-7
€ 9,99

128 Seiten, 185 x 225 mm, Softcover
ISBN 978-3-96664-182-1
€ 9,99

144 Seiten, 185 x 225 mm, Softcover
ISBN 978-3-96664-350-4
€ 9,99

Unser komplettes Programm erhalten Sie in jeder Buchhandlung und unter www.heel-verlag.de